Der Völkerwahn auf dem Planeten Mars und seine schrecklichen Folgen.

Eine Kombination aus Spaß und Weisheit

James Howard Calisch

Writat

Diese Ausgabe erschien im Jahr 2023

ISBN: 9789359254463

Herausgegeben von
Writat
E-Mail: info@writat.com

DIE MANIE DER NATIONEN
AUF DEM PLANETEN MARS

Vor vielen Millionen Jahrhunderten, als der Himmelsglobus, auf dem wir leben und kämpfen, begann, aus der Gewohnheit der Heißluft herauszukommen, sich abzukühlen und zur Besinnung zu kommen, sackte eine riesige Masse sirupartiger Materie zum unteren Ende herab der abkühlenden Kugel und bildete bei weiterer Abkühlung ein hohes Vorgebirge an dem, was wir heute den Südpol nennen. Infolgedessen finden wir dort jetzt ein Plateau vor, dessen Höhe die höchsten Berge, die anderswo auf unserem ehrwürdigen Globus zu finden sind, bei weitem übertrifft .

Wenn Sie können, können Sie sich vorstellen, wie kalt es dort sein muss. Der Nordpol soll kühl genug für alle sein, die es hassen, in einem überhitzten Schlafzimmer einzuschlafen; aber es hat sich gezeigt, dass es sich um eine mit Eis gefüllte Senke in der Erdkruste handelt und sie daher nicht weit über dem Meeresspiegel liegt, während der Südpol, abgesehen davon, dass ihm die angenehmen senkrechten Strahlen der Sonne fehlen, darüber hinaus auch so hoch in die Atmosphäre reicht Schichten, um jede Möglichkeit des Vorkommens heißer Vögel auszuschließen. Kalte Flaschen sind so ziemlich das einzige Genussmittel, das den vergnügungshungrigen Touristen dort zur Verfügung steht.

Professor FANSEE von der Dreemo- Universität war ein mutiger Mann. Möglicherweise hatte er in den stillen, geheimnisvollen Schatten der Nacht ein unheimliches Gefühl; Möglicherweise hatte er ständig Angst vor Gespenstern und allen möglichen wilden Tieren. Vielleicht hatte er ständig Ehrfurcht vor seiner unschuldig aussehenden Frau; aber es muss zu seiner ewigen Ehre gesagt werden, dass er überhaupt keine Angst vor der Kälte hatte. Es wird geflüstert, dass es seiner liebevollen Ehefrau nach vielen Jahren des Ehelebens endlich gelungen sei, ihn mehr oder weniger an die Frigidität zu gewöhnen.

Darüber hinaus war Professor FANSEE ein Experte für Astronomie, Chemie und Elektrizität. Mit einem spöttischen Lächeln hatte er jahrelang die vergeblichen Bemühungen einiger Wissenschaftler beobachtet, mit dem Planeten Mars zu kommunizieren. Vor langer Zeit war in seinem fruchtbaren Gehirn eine Idee herangereift, von der er wusste, dass sie letztendlich zum gewünschten Ziel führen würde. Da sich nachweislich das höchste Plateau der Erde am Südpol befand, beschloss er, seine Zee-Strahlen von diesem kühlen und ruhigen Vorgebirge aus zu richten. Zu diesem Zweck ließ er eine riesige Hohlkugel aus nichtleitendem Material bauen, die so angeordnet war, dass die Innenkammern eine aufrechte Position behielten, während die

Kugel fröhlich dahinrollte. Durch leistungsstarke Akkumulatoren innerhalb dieser leistungsstarken Struktur wurde das Gerät selbstfahrend gemacht. Mit diesem rollenden Fahrzeug an seiner Seite brauchte er keine Schiffe, um den Antarktischen Ozean zu überqueren , keine Bohrtürme, um sein Kugelobservatorium auf den höchsten Gipfel zu heben; und ohne die Presse zu benachrichtigen, unauffällig, wie es sich für einen ernsthaften Wissenschaftler gehört, erreichte er eines schönen Morgens den höchsten Punkt dieses himmlischen Transportmittels, das wir Erde nennen.

Von dieser Höhe aus arbeitete er fleißig an seinem genialen Gerät. Sechs Monate lang feuerte er Tag und Nacht seine Zee-Strahlen auf die ahnungslosen Marsmenschen. Sechs Monate lang schienen seine Bemühungen völlig erfolglos zu sein. Dann, mitten in der Nacht, war plötzlich ein leises Heulen im Empfangsapparat des Professors zu hören; eine Manifestation des ersten Anzeichens dafür, dass sein geistiges Kind tatsächlich ein gesundes Wesen geworden war. Zwei Wochen lang manipulierte Professor FANSEE im Abstand von zwanzig Minuten vorsichtig seine zitternden Drähte. Dann wurde ihm zu seiner grenzenlosen Freude und Zufriedenheit endlich die erste Mitteilung vom Mars verständlich. Von diesem Moment an dauerte es nur wenige Tage, bis wir uns mit den mystischen Bewohnern unseres nebligen Nachbarn verständigten; und so entstand eine interessante Erzählung über die Bedingungen, die auf dem vermutlich von Kanälen verseuchten Planeten herrschten.

Leider starb Professor FANSEE, bevor er in sein Heimatland zurückkehrte. Aber ich hatte die Ehre gehabt, als sein Assistent und Vertrauter zu fungieren. Und obwohl zu meiner großen Enttäuschung der Globus, mit dem wir reisten, bei der Landung an der Küste Neuseelands an den Felsen zerschellte, hatte ich das Glück, sicher an Land zu schwimmen und die Papiere mit den interessanten Enthüllungen aufzubewahren. Mit gebührender Anerkennung für Professor FANSEE und in liebevoller Erinnerung an seine gebildete Persönlichkeit halte ich es für gerechtfertigt, meinen irdischen Mitmenschen die Mars-Episode zu offenbaren.

Die deutliche Ähnlichkeit mit Ereignissen in unserem eigenen himmlischen Reich könnte meinen Lesern wie ein einzigartiger Zufall vorkommen. Aber prähistorischen Astrologen zufolge werden alle Ereignisse durch die Position der Sterne gesteuert. Und wenn sie tatsächlich den Lauf der Ereignisse auf unserer Erde kontrollieren, scheint es nur natürlich, dass sie auch einige der anderen Mitglieder unseres Sonnensystems in ähnlicher Weise beeinflussen.

Da sich Professor FANSEE schon immer intensiv für Fragen der Religion interessiert hatte und sich seine ersten Untersuchungen konsequent mit diesem äußerst wichtigen Thema befassten, sollte zunächst festgestellt werden, dass die herrschende Religion auf dem Planeten Mars achtzehneinhalb Jahrhunderte lang gewesen war die Religion von NAZARRO. NAZARRO war ein Gott, der nach Angaben der Marsmenschen in menschlicher Form auf dem Planeten Mars materialisierte. Dieser Gott predigte ein Evangelium des Friedens, der Eindämmung der Leidenschaften und der gleichmäßigen Verteilung des Reichtums. Deshalb versuchten die Roamani und die Heebrons , unter denen er lebte, seine revolutionären Agitationen zu bestrafen, indem sie ihn an den Galgen hängten. So wurde das Zeichen des Galgens zu einem von NAZARROS Anhängern verehrten Zeichen der Heiligkeit und zum Symbol eines neuen Glaubens. Die Mitglieder der so gegründeten religiösen Sekte, die fünfzehn Jahrhunderte lang an Macht gewann, wurden als Nazarranos bezeichnet .

Gegen Ende des 15. Jahrhunderts (der Ära von NAZARRO) begann der Trend der Zivilisation eine etwas andere Richtung einzuschlagen. Hätten sich die Nazarraner darauf beschränkt, die Gebote von NAZARRO unverändert zu verbreiten, so meinte unser Mars-Informant, hätten alle Marsbewohner unbeirrbar ihre Vortrefflichkeit anerkannt. Aber nur wenige unter den Marsmenschen waren geistig so erhaben wie der große Nazarrano- Lehrer. Als die Nazarranos unter der persönlichen Leitung bestimmter niedrigerer und höherer Funktionäre eine Nazarrano-Gesellschaft gründeten, griffen diese Funktionäre, angeblich zu Ehren von NAZARRO, oft auf Methoden zurück, mit denen NAZARRO selbst niemals einverstanden gewesen wäre . Das unvermeidliche Ergebnis war, dass einige Marsmenschen ernsthaft an der Überlegenheit des gesamten Nazarrano- Glaubens zu zweifeln begannen.

In der Zwischenzeit hatte sich der Geist der Marsianer von der fernen Antike bis zu dieser interessanten Ära allmählich zu immer größerer Effizienz entwickelt; und so geschah es, dass sie zu dieser Zeit begannen, die Phänomene der Natur weitaus systematischer zu untersuchen, als sie es jemals zuvor getan hatten. Im Zusammenhang mit dem Nazarrano- Glauben wurde eine mystische Geschichte über die Erschaffung des Universums gepredigt, die aus den Manuskripten von Heebron stammte und die die Marsmenschen glauben ließ, dass der Mars ein flaches Stück Land sei, das auf dem Wasser schwimme und um das sich der Rest des Universums befinde majestätisch gedreht. Als ein Marsmensch namens GALELIAH entdeckte, dass der Mars ein Globus sei und dass sich der Mars um die Sonne und nicht die Sonne um den Mars drehte, protestierten die Beamten der Nazarrano Corporation energisch, denn sie sahen in seinem Vorschlag die ersten Anzeichen von Unglauben. Trotz des Widerstands der Nazarrano-Beamten begannen sich verschiedene Wissenschaften in andere Richtungen zu entwickeln, bis die Nazarranos nach und nach gezwungen waren, ihre Ansichten über die Schöpfung zu ändern. In jedem Fall brachten die Würdenträger von Nazarrano ihre Einwände vergeblich mit mehr oder weniger Heftigkeit zur Sprache. Endlich, im Jahr 1859 EN, erhob sich ein neuer Prophet mit dem wohlklingenden Namen DARVINO. Im Land der Frank- Aulianer , auch bekannt als „Fringe", war zuvor ein Buch von LAMARCKEESO veröffentlicht worden, das darauf hinwies, dass die Entwicklung des Universums auf einen Evolutionsprozess zurückzuführen sei; und der unerschrockene DARVINO baute ein Schiff auf, um nach Beweisen zu suchen, und veröffentlichte diese Beweise überzeugend im besagten denkwürdigen Jahr 1859 EN

Von diesem Zeitpunkt an begann ein neuer Glaube die Gedanken der Marsmenschen zu erobern. Für eine große Gruppe von Wissenschaftlern wurde das Jahr 1861 EN zum Jahr 1 ED (Ära von DARVINO). Es entstand eine neue religiöse Sekte namens Darvinianos . Und obwohl sich die große Mehrheit der Nazarraner weiterhin zu ihrem älteren Glauben bekannte, wurden ihre Ansichten über das Universum sowie ihre Vorstellungen von einem angemessenen Leben dennoch immer deutlicher von den Schlussfolgerungen Darvinianos beeinflusst .

herrschte auf dem Planeten Mars seit unzähligen Jahrhunderten der Glaube an persönliche Götter, dessen jüngster Auswuchs der Nazarrano- Glaube gewesen war. Die Mars-Idee der Moral wurde der Jugend fast unbegrenzt in so enger Verbindung mit dem Glauben an persönliche und halbmenschliche Gottheiten gelehrt, dass es den Marsianern so vorkam, als sei dieser Glaube der Fels, auf dem moralisches Verhalten zwangsläufig beruhte gegründet werden. Der Glaube an die persönliche Aufsicht über Gottheiten hatte nicht nur die Bräuche und moralischen Vorstellungen der Nazarranos , sondern nahezu aller marsianischen Nationen und religiösen Sekten durchdrungen. Offensichtlich war es untrennbar mit der Art und Weise der Marsmenschen verbunden, ihren emotionalen Sehnsüchten und Neigungen Ausdruck zu verleihen. Andererseits enthielten die Darviniano- Schlussfolgerungen nichts emotionales. Sie entsprangen dem Intellekt und appellierten nur an den Intellekt.

Darviniano- Glaube zum Zeitpunkt von Professor FANSEEs Verkehr mit unserem Nachbarplaneten erst seit etwas mehr als einem halben Jahrhundert vorherrschte . Natürlich können neue Glaubensrichtungen, neue Religionen, neue Philosophien nicht in so kurzer Zeit zur Vollständigkeit heranreifen. Um ihre emotionalen Sehnsüchte und moralischen Wünsche zu befriedigen, griffen die Marsmenschen daher weiterhin auf die Nazarrano- Manuskripte zurück, übernahmen inzwischen die intellektuellen Ansichten der Darvinianos und versuchten, die beiden Denksysteme so gut wie möglich zu harmonisieren. Doch so sehr sie sich auch bemühten, sie wurden immer wieder mit beunruhigenden Widersprüchen konfrontiert. Dies führte unweigerlich zu einem unruhigen emotionalen Zustand, den unser Mars-Informant tatsächlich zutiefst zu bedauern schien, der jedoch – seiner klar zum Ausdruck gebrachten Meinung nach – zweifellos einer neuen Ära moralischer Stabilität und geistiger Leichtigkeit Platz machen würde, sobald der Darviniano Der Glaube war durch die Einbeziehung des emotionalen Elements nahezu vollständiger – und damit zufriedenstellender – geworden.

Nachdem er auf diese Weise die religiöse Situation auf dem wirbelnden Kanalglobus prägnant erklärt hatte, wechselte unser Informant, der offenbar ein zu diesem Zweck beauftragter gelehrter Philosoph war, plötzlich das Thema, um uns mit den wichtigsten internationalen politischen Ereignissen vertraut zu machen, die stattgefunden hatten auf dem Mars während der Nazarrano- Ära.

Zu unserem Erstaunen gewannen wir den untrüglichen Eindruck, dass die sozialen Verhältnisse auf dem erdähnlichen Planeten noch äußerst primitiv sind. Es scheint, dass in der Antike jene Gruppen von Marsmenschen, die von Bergen und Wäldern umgebene oder von Ozeanen und Flüssen begrenzte Gebiete bewohnten, gezwungen waren, diese natürlichen Grenzen als unüberwindbare Barrieren zu betrachten, und dass diese Barrieren ihre Kommunikation mit anderen Gruppen von Marsmenschen erschwerten nahezu unmöglich. Jede dieser Gruppen war daher über viele Jahrhunderte hinweg gezwungen, eine isolierte Existenz zu führen. Die Stämme, die ein Tal bewohnten, kamen nie mit den Bewohnern anderer Täler in Kontakt. Eine Gruppe von Marsmenschen lebte am Rande eines großen Waldes; auf der anderen Seite kämpfte sich eine andere Gruppe durch; aber die beiden Gruppen trafen sich nie, um ihre Ansichten auszutauschen oder zu erfahren, auf welche Weise die andere den Komfort des Lebens erhöht hatte. Daher entwickelte jede Gruppe natürlich ihre eigene Sprache und grobe Zivilisation, und das Ergebnis war die Aufteilung der Marsbewohner in separate Nationen, von denen jede ihre eigenen besonderen Bräuche und Ideale hatte.

Mit fortschreitender Wissenschaft wurde die Kommunikation zwischen diesen isolierten Nationen immer einfacher und ihre gegenseitigen Beziehungen wurden immer enger. Zu der Zeit, als Professor FANSEE seine bemerkenswerte Botschaft erhielt, war eine perfekte gegenseitige Kommunikation mittels Eisenbahnen, Dampfschifflinien, Telegraphen und Telefonen etabliert. Die Marsmenschen hatten sogar begonnen, durch die Luft von einem Land zum anderen zu reisen. Auf diese Weise konnten alle Nationen von den wissenschaftlichen Fortschritten jeder einzelnen Nation profitieren.

Wenn nun jede Nation für sich selbst ausreichend gewesen wäre, wenn jedes Land aus seinen eigenen Ressourcen alle Zutaten bereitgestellt hätte, die es im Rahmen seiner fortschrittlicheren Form der Zivilisation benötigte, wäre es für die verschiedenen Gruppen der Marsmenschen möglicherweise bis zu einem gewissen Grad sinnvoll gewesen, dies einem zu sagen ein anderer:

„Wir freuen uns sehr, mit Ihnen in Kontakt zu kommen, und wir sind sehr an Ihren Bräuchen und Idealen interessiert, die auf den ersten Blick so sehr im Widerspruch zu unseren eigenen zu stehen scheinen und die dennoch im Grunde den unseren so sehr ähnlich sind." ; Da wir jedoch nicht den geringsten Nutzen darin sehen, die bestehenden Bedingungen zu ändern, ziehen wir es vor, unsere nationale Individualität nicht zu zerstören. Denn unser Nationalstolz ist zu einem heiligen Idol unter uns geworden, dem keine höheren Ideale einer erweiterten Bruderschaft entgegenstehen dürfen." Aber unser Mars-Informant erklärte, dass in Wirklichkeit keine der Mars-Nationen sich selbst genügt . Mit den erweiterten Anforderungen des Lebens, die unweigerlich im Zuge der wissenschaftlichen Entwicklung und der geistigen Erweiterung folgten, wurde festgestellt, dass jede Nation Artikel einer besonderen Art produziert, die alle anderen Nationen dringend und ständig benötigen. Der Boden eines Landes ist reich an bestimmten Produkten, die es in anderen Ländern nicht gibt, obwohl diese anderen Länder sie ebenfalls benötigen. Tatsächlich wurde bald klar, dass alle zivilisierten Nationen sowohl geistig als auch körperlich völlig voneinander abhängig sind.

Unter diesen Umständen würde der unvoreingenommene Beobachter natürlich erwarten, dass die Nationen eine Art Bündnis oder Föderation zum gegenseitigen Schutz und im Hinblick auf eine sinnvolle Interessenkombination bilden. Doch bisher waren die offensichtlich engstirnigen Marsianer so kurzsichtig, dass sie einen solchen Schritt gänzlich unterlassen haben. Nein, anstatt miteinander zu kooperieren, bekämpfen sich die Nationen tatsächlich gegenseitig mit blinder Dummheit. Engstirnige Eifersüchteleien und Hassgefühle, die sich besonders in einer eigentümlichen internationalen Wissenschaft ausdrücken, die die Marsianer Dip-Low- Macy nennen , halten die Nationen voneinander fern und machen Nationen, die nichts anderes als freundschaftliche und kooperative Beziehungen pflegen sollten, zu geschworenen Erbfeinden. Sogar jene Nationen, die denselben Glauben, dieselben Hoffnungen und dieselben Bestrebungen erworben haben, führen weiterhin ihre isolierte nationale Existenz und pflegen sorgfältig ihren gegenseitigen kleinlichen Hass und ihre Bosheit gegenüber anderen Nationalitäten. Da nahezu alle Marsvölker von diesem bösartigen Nationalitätenwahn befallen zu sein scheinen, erweckt der Planet Mars, von der Erde aus gesehen, unweigerlich den Eindruck eines riesigen Irrenhauses, wobei der Nationalitätenwahn die schreckliche Krankheit ist, von der der Mars befallen ist Leider leiden die gebundenen Patienten darunter. Ihre Gedanken scheinen ebenso in Aufruhr zu sein wie der rollende Planet, auf dem sie leben.

Diese äußerst bedauerliche Geisteskrankheit stört und zerstört sogar die vielgepriesenen Bande eines gemeinsamen religiösen Glaubens.

Auf dem Planeten Mars gedeiht neben den Nazarranos eine weitere religiöse Sekte, die von einem Propheten gegründet wurde, dessen Name, soweit wir ihn entschlüsseln konnten, MOE HAMID war. Dieses MOE HAMID verbot strengstens die Verwendung der Muschel als Nahrungsmittel. Und aufgrund des Gesetzes des Widerspruchs oder der Ironie des Schicksals ist die Sekte seitdem als „ Muschelmänner" bekannt . Nun haben diese Muschelmänner , obwohl auf verschiedene Nationalitäten verstreut, tatsächlich eine Art Bruderschaft gebildet, die auf ihrem Glauben basiert. Immer wenn ernsthaft ein heiliger Krieg erklärt wird, stehen alle Muschelmänner zusammen. Dass die Mitglieder dieser Sekte die Nazarrano-Darvinianos als Hunde bezeichnen , mag beklagenswert einseitig sein, ist aber leicht verständlich. Auf jeden Fall ist bekannt, dass die Muschelmänner zusammenhalten. Unter den Darvinisierten Den Nazarranos mangelt es jedoch völlig an kooperativer Brüderlichkeit. Eine der Nazarrano-Darviniano- Nationen betrachtet eine andere solche Nation als eine verächtliche Hundemeute; eine Nation betrachtet die andere als eine Ansammlung niederer Barbaren; und jede einzelne Nation unter ihnen beneidet alle anderen um die politische Macht oder den industriellen Wohlstand, den sie durch lange Anstrengungen erlangt haben.

Obwohl sowohl NAZARRO als auch DARVINO glühende Verfechter von Frieden und Toleranz waren, richten die Nationen, die diesen beiden Meistern folgen sollen, ihre besten Intelligenz- und wissenschaftlichen Errungenschaften auf die Erfindung höllischer Geräte aus, mit denen sie sich gegenseitig verstümmeln und zerstören können. Jede neue Entdeckung, die wissenschaftliche Forscher machen, wird sofort ausgenutzt, um diese Foltermaschinen immer tödlicher und noch bösartiger und zerstörerischer zu machen. Als er diese Worte eines trostlosen Abends entzifferte, flüsterte mir Professor FANSEE voller Zuversicht zu, dass er seinen Glauben an die tatsächliche Existenz der Hölle völlig verloren habe; aber dass diese Offenbarung ihn dazu brachte, seinen Unglauben zu überdenken. Und wenn es einen solchen Ort gäbe, fügte er hinzu, dann bin ich völlig davon überzeugt, dass ich ihn zweifellos auf dem Planeten Mars lokalisiert habe. Denken Sie an dieses gefühllose Chaos tiefer Gefühle, an dieses unaufhörliche Ringen um Leid, Tod und Verwüstung zwischen Nationen, die ein festes Band der Freundschaft und des gegenseitigen Respekts hätten bilden sollen, und die, wenn sie das getan hätten, alle in Frieden den ganzen Reichtum hätten genießen können des Universums. Und wenn Sie ihren primitiven Mangel an jeglichem Wohlwollen betrachten, bedenken Sie, dass diese Nationalitätswahnsinnigen so völlig verblendet sind, dass sie sich unverblümt Nazarranos nennen und zum Gott von NAZARRO um Erfolg bei ihren mutwilligen, destruktiven Bestrebungen beten!

Zutiefst erschüttert von dieser Darstellung unbeschreiblicher Dummheit oder scheinbar hoffnungsloser Irrationalität, warteten wir gespannt auf weitere Details. Nach und nach gelang es uns, sie zu entschlüsseln. Es scheint, dass es unter den verfeindeten Nazarrano-Darviniano- Nationen zwei gab, auf die sich unser Marsinformant mit besonderem Nachdruck bezog.

Einer von ihnen, der in einem Land namens Two-Tonia lebt, scheint den Marsianern als TWO-TONS bekannt zu sein. Bei einer Untersuchung wurde festgestellt, dass die Namen, unter denen die Nationen auf dem Mars bekannt sind, in einigen Fällen von ihren geistigen Eigenschaften abgeleitet sind. Die Two-Tons haben den Ruf, geistig schwer zu sein. Jeder Two-Ton soll zwei Tonnen Gehirnmasse transportieren; und in vielen Einzelfällen wird dieses Gewicht leider so drückend, dass sie scheinbar nicht in der Lage sind, die liebenswürdigen und geschmeidigen geistigen Fähigkeiten zu erwerben oder zu entwickeln, die den Geist einiger anderer Nationalitäten schmücken.

Die Two-Tons übertreffen viele andere Nationen an Tiefe und wissenschaftlicher Gründlichkeit. Sie haben ihre Tiefe erhöht, indem sie sich sehr tief in jedes Thema vertieft haben, dem sie ihre Aufmerksamkeit widmen. Dass sie bei ihren Argumenten im Zusammenhang mit der Darviniano -Philosophie, abgesehen von empirischen Untersuchungen, dazu neigen, in die falsche Richtung zu graben, versprach unser Mars-Informant zu beweisen. Wenn man so tief gräbt, wie sie es tun, kann man leicht verstehen, wie weit sie am Ende wahrscheinlich von ihrem philosophischen Ziel entfernt sein werden, wenn sie wirklich anfangen, in die falsche Richtung zu graben.

Zu den Nationalitäten, deren Nationalstolz der Würdigung der Verdienste anderer Nationen im Wege steht, sind vor allem die Zweitonner zu zählen. Für sie erscheinen alle anderen Nazarrano-Darviniano- Nationen völlig wertlos und absurd minderwertig. Aus diesem Grund bevorzugen sie gelegentliche Verbindungen oder Bündnisse mit den Muschelmännern , obwohl sie angeblich zum Nazarrano- Gott beten und mittlerweile auf die Darviniano -Philosophie vertrauen . Ihre Verachtung gegenüber anderen Nazarrano- Nationen kennt keine Grenzen. Sie betrachten sich als Schöpfer und Hüter einer besonderen Form der Zivilisation, die dem in anderen Ländern erreichten Grad an geistigem Wachstum unendlich überlegen ist. So absurd und eingebildet dies auch erscheinen mag, es muss gleichzeitig anerkannt werden, dass das Gehirngewicht der Two-Tons zu einigen bemerkenswert konstruktiven Ergebnissen geführt hat. In der kurzen Zeitspanne von vierzig Jahren ist es ihnen gelungen, unter Nutzung des in früheren Perioden gesammelten Materials ein palastartiges Gebäude der Wissenschaft und Industrie zu errichten, das an Exzellenz und

Einheitlichkeit der Konstruktion die vielen isolierten Gebäude, die zu demselben Zweck errichtet wurden, bei weitem übertrifft im Laufe einiger Jahrhunderte in anderen Ländern. Wie groß und reich hätte diese Nation daher werden können, wenn sie stillschweigend ihre Hochstimmung über ihre wunderbaren Fortschritte in ihren eigenen Herzen gepflegt hätte und wenn sie nicht zugelassen hätte, dass widersprüchliche Wahnvorstellungen die Solidität ihrer Errungenschaften getrübt hätten!

Es sollte erwähnt werden, dass zu den Produkten, die dieses Land mit wissenschaftlicher Sorgfalt herstellte, ein gefährlicher Sprengstoff gehörte, der unter dem Namen Militarismus auf den nationalen Markt gebracht wurde. Jeder arbeitsfähige männliche Bürger war verpflichtet, eine bestimmte Anzahl von Jahren für die Herstellung dieses hochexplosiven Produkts aufzuwenden. Infolgedessen gab es in ihrem Land einen solchen Überfluss an dem Stoff, dass sie beschlossen , Fässer über Fässer davon im Keller ihres wunderbar gebauten Gebäudes zu lagern. Darüber hinaus brachten sie in jedem Zimmer und Flur des gut gebauten Gebäudes eine Sicherung an, damit sie im Falle eines Streits mit jemand anderem in der Lage waren, das gesamte Gebäude im Handumdrehen in die Luft zu jagen, offenbar nur aus Bosheit Nation. Aus Edelmetall wurden große Motoren gebaut, aus denen dieser Sprengstoff riesige Kugeln, wissenschaftliche Stinktöpfe und andere bösartige Raketen in die Reihen des beabsichtigten Feindes schleudern sollte. Und da diese Motoren ihre tödlichen Projektile mit ohrenbetäubendem Lärm ausstießen, wurde die Fabrik, in der die Motoren hergestellt wurden, scherzhaft als CROUP-Fabrik bezeichnet. Es kam tatsächlich die Zeit, in der es tatsächlich zu einer Explosion kam, deren schreckliche Ergebnisse noch nicht erfasst werden können.

Ein anderes Produkt ganz anderer Art, hergestellt von den Two-Tons, wurde von unserem Marsinformanten erwähnt, dessen tatsächlicher Charakter Professor FANSEE nur mit Mühe entschlüsseln konnte. Zuerst übersetzte der Professor den Namen mit Koaltar , aber als das Wort wiederholt wurde, stellte sich heraus, dass es sich um eine Art nationalen Talisman handelte, dem sie den Namen Kooltoor gaben . Die wahre Bedeutung dieses Wortes liegt noch immer im Dunkeln. Es scheint jedoch, dass sich das Wort „ Kooltoor " genauso auf die geistige Entwicklung des Einzelnen bezieht, wie sich unser Wort „Kultur " auf die geistige und körperliche Entwicklung der Two-Ton-Nation als Ganzes bezieht. Ich gehe davon aus, dass Two-Tonia später im Manuskript von Professor FANSEE im Zusammenhang mit weiteren internationalen Marsereignissen erwähnt wird.

Die andere Nation, die von unserem unsichtbaren Kommunikanten auf dem Mars am häufigsten erwähnt wird, scheint auf diesem Planeten unter dem Namen ANGLERS-AXSONS bekannt zu sein und wurde zu anderen Zeiten unter dem Namen BRITS bezeichnet. Es besteht kein Zweifel, dass sich die beiden Namen auf dieselbe Nation beziehen, denn in einem Fall wurde das Wort Axsons weggelassen, und unser freundlicher Marsianer sprach eindeutig von den Anglern oder Briten. Sie leben offenbar auf einer Inselgruppe namens Anglia oder Brittia . Es scheint außerdem, dass eine dieser Inseln speziell als Ire-Insel bekannt ist, weil der Zorn ihrer Bewohner so leicht zu erregen ist. Der Legende nach wurde die Nation der Briten von einem Fischer gegründet, der die Schlangen von den Inseln vertrieb, um die Anglerwürmer dauerhaft zu schützen. Da dieser Fischer ein prähistorischer Patriarch war, dessen Name im Laufe der Jahrhunderte nicht in den Himmel gelangte, ist die Nation einfach als „die Angler" bekannt. Der Ozean war das Feld ihrer Eroberungen und das Mittel zu ihrer Entwicklung, die etwa drei Jahrhunderte dauerte, so dass ihre landesweiten Bemühungen etwa zweieinhalb Jahrhunderte begannen, bevor die Zwei-Tonnen ihre begannen.

Sie widmen sich so sehr dem Angeln, dass man sagt, dass sie während dieser ganzen Zeit ständig ihre mit Ködern versehenen Haken bereithielten, um alles zu ergreifen und sich anzueignen, was im, auf oder in der Nähe des Ozeans zu finden war. Ihr Fischereiunternehmen war nicht erfolglos. Manchmal fangen sie Fische. Zu anderen Zeiten erobern sie Inseln, Kohlenstationen, Länder, die von sogenannten minderwertigen Stämmen besetzt sind, und hier und da einen Kanal, der durch die mühsamen Bemühungen anderer Nationen gebaut wurde; Tatsächlich haben sie alle möglichen Meeresschätze gesammelt, als die anderen Nationen sie nicht zuerst sahen . Der Nachname Ax-Söhne leitet sich wahrscheinlich von der Tatsache ab, dass sie noch vor ein paar hundert Jahren bloße Skandalschiffe waren , deren einzige Angriffs- und Verteidigungswaffe die Streitaxt war.

Was den Namen „Briten" betrifft, unter dem sie tatsächlich am häufigsten bekannt zu sein scheinen, muss man zugeben, dass es Professor FANSEE nie gelungen ist, seine eigentliche Bedeutung zu entdecken. Als ich jedoch in die Zivilisation zurückkehrte, beschloss ich, Nachforschungen anzustellen. und als ich alle Wörterbücher in allen berühmten Bibliotheken der Fidschi-Inseln sorgfältig durchsuchte, entdeckte ich, dass sich das Wort „Brit" auf einen jungen Hering bezieht, von dem man einst annahm, er sei eine eigenständige Art. Ich fand außerdem heraus, dass dieses Wort die Nahrung der Wale bezeichnet, bestehend aus kleinen Krebstieren, Flugsauriern (was auch immer das ist) und anderen winzigen Oberflächenschwimmtieren, deren Mütter sie mit ausgefallenen Namen verflucht haben. Es ist möglich, dass die Briten einst die Fischerei auf Britannien zu ihrem nationalen Wirtschaftszweig machten und dadurch unter dem Namen des Fisches bekannt wurden, den sie verkauften, auf den Tisch brachten und auf andere Weise für ihre eigenen egoistischen Zwecke verwendeten . Andererseits ist es ebenso plausibel, dass sich der Name auf ihre Neigung bezieht, dem Ozean kleine Inseln und Kohlenstationen zu entreißen, die gerade klein genug sind, um der Aufmerksamkeit anderer zu entgehen und durch den elastischen Dip-Low-Matic-Rechen zu gelangen, aber dennoch drin sind Die Gesamtheit reichte erheblich aus, um ihr nationales Gewicht und ihre Bedeutung zu erhöhen.

Apropos Dip-Low- Macy : Die Briten beherrschen diesen Low-Dipping-Ansatz hervorragend. Es sollte bekannt sein, dass es den Gesichtsmuskeln bei dieser eigenartigen marsianischen Verfolgung nicht gestattet ist, die Pläne zu verraten, die im Gehirn entstehen. Du denkst und meinst eine Sache, du sagst und scheinst etwas anderes zu meinen. Die schwere Gehirnmasse, die die Zwei-Tonnen belastet, hindert diese Wissenschaftler daran, ihre geistige Aktivität zu verbergen. Sie sind von Natur aus dazu gezwungen, unverblümt und offen zu sein, es sei denn, sie haben ein Unglück verursacht und versuchen schlau, die Schuld jemand anderem in die Schuhe zu schieben, wie spätere Ereignisse seltsamerweise zeigen mögen. Doch ganz so schwer ist das Gehirn der Briten nicht. Durch Rudern, Schwimmen, Fußball, Polo, Golf, Tennis, Cricket und andere anstrengende Outdoor-Sportarten haben sie eine perfekte Kontrolle über ihre Muskeln erlangt. Diese Fähigkeit zeigt sich insbesondere in der geschickten Manipulation der Gesichtsmuskeln.

Bei vielen Gelegenheiten haben die Briten ihre Angelaktivitäten mit einer Fassade aus scheinbar edlen Zwecken verdeckt, die so schön poliert war, dass man die Fassade fast wie einen gebogenen Spiegel verwenden könnte. Als sie beispielsweise ihre eigene Nationalität über die hügelige Oberfläche des guten alten Mars verbreiteten, war ihr Gesichtsausdruck äußerst unschuldig und edel, während sie lediglich vorgaben, den Nazarrano- Glauben zu verbreiten . Obwohl sie ihren Teil dazu beitrugen, den Globus, auf dem sie leben, zu nazarisieren , suchten sie im Einklang mit den Nazarrano -Geboten ihre Belohnung nicht im Himmel, sondern verkauften ihre Tugenden gegen Bargeld und nahmen ihre Belohnung mit Waffengewalt und Dip entgegen - low- macy direkt auf dem Mars selbst. Ihr Plan war sehr einfach. Sie würden einen Missionar schicken, um den Glauben zu verbreiten; Anschließend würden sie ihm zahlreiche Assistenten schicken. Dann würden sie mit dem Handel beginnen und dabei – wie es sich für Händler gehört – stets auf ihre eigenen Interessen achten. Dies führte zwangsläufig zu Meinungsverschiedenheiten mit den Einheimischen. Und da die Zerstörungsmaschinen der unauffälligen Eingeborenen noch kein so hohes Stadium der physischen Zivilisation erreicht hatten wie die der Briten, mussten diese in dieser Phase des Spiels nur noch einige ihrer eigenen kleinen Zerstörungsmaschinen schicken. Maschinen an die betroffene Nation zu übergeben und nach einigen Kämpfen das Territorium zu ihrem eigenen zu machen. Sie würden dann mit der Kolonisierung beginnen, um den einseitigen Deal abzuschließen.

Sie haben auch einen sehr wichtigen Beitrag zur Entwicklung von Wissenschaft und Industrie geleistet. Da sie jedoch an die Kultur glaubten und es ihnen nicht gelang, die durch Two-Ton Kooltoor geschaffene nationale Einheit zu entwickeln , wurden ihre wissenschaftlichen und industriellen Gebäude noch nie zu einem großen Gebäude vereint, wie es in Two-Tonia so geschickt errichtet wurde. Es ist möglich, dass die stärkere Entwicklung der Tiergeister bei den Briten *im Vergleich* zur größeren geistigen Dynamik der Two-Tons etwas mit diesem Unterschied in der Art des Wachstums zu tun hatte. Möglicherweise lag es einfach daran, dass sich der Geist der großen britischen Denker und Wissenschaftler in eine Richtung entwickelt hatte, während sich der Geist der Two-Tons in eine ganz andere Richtung entwickelt hatte. Dennoch besteht kaum ein Zweifel daran, dass einer der wichtigsten Gründe für diese Divergenz darin liegt, dass die Zwei-Tonnen mit dem Aufbau ihrer vereinten Nation zu einer Zeit begannen, als die Wissenschaften einen hohen Fortschritt erreicht hatten. und nachdem eine neue philosophische Sekte unter den Two-Tons entstanden war, die im Volksmund als „Social-Mists" bekannt waren und besonderen Wert auf die Vorteile der Zusammenarbeit legten; während im Gegenteil der Grundstein für die britischen Institutionen in einer Zeit gelegt worden war, als die Entwicklung der modernen Wissenschaft noch nicht einmal die ersten Lebenszeichen gegeben hatte.

Im Hinblick auf die zuvor erwähnte Wissenschaft des Dip-Low- Macy kann hier festgestellt werden, dass dieses Gesichtsversuch keineswegs nur auf die Briten beschränkt ist. Es scheint, dass diese quasi-wissenschaftliche Täuschung von anderen Marsnationen mit ähnlichem Geschick praktiziert wird. Und selbst wenn man die beklagenswerte Tatsache berücksichtigt, dass die meisten dieser Nationen an einer bedauernswerten Geisteskrankheit leiden, ist es für den irdischen Betrachter immer noch erstaunlich, dass diese Fähigkeit, die Gesichtsmuskeln zu manipulieren, bei den Marsmenschen als eine höchst verdienstvolle Errungenschaft gilt. Viele Würdenträger der Nazarrano- Corporation nehmen aufgrund ihrer Stärke hohe Ehrenplätze ein. Ja, bei den meisten Marsvölkern ist selbst die Ausarbeitung und Interpretation der Landesgesetze fast ausschließlich denjenigen anvertraut, die sich in diesem betrügerischen Unterfangen auszeichnen. Für die Erlangung hoher politischer Ämter scheint es eine unbedingt notwendige Errungenschaft zu sein. Unser Mars-Informant brachte die feste Überzeugung zum Ausdruck, dass ohne diese irrationale und gewohnheitsmäßige Täuschung ein Großteil der kleinen Bosheit zwischen Nation und Nation hätte vermieden oder besänftigt werden können.

Wir hatten bisher Gelegenheit zu erwähnen, dass die nationale Aktivität der Briten einen Zeitraum von etwa dreihundert Jahren umfasste, während die der Two-Tons auf einen Zeitraum von vierzig Jahren beschränkt war. Dieser offensichtliche Unterschied in der nationalen Dauer ist auf die Tatsache zurückzuführen, dass die Two-Tons viele Jahre lang bis zum Jahr 11 n. Chr. (1871 EN) in eine Reihe kleiner Fürstentümer aufgeteilt waren, von denen jedes eine eigene halbnationale Existenz führte. Im erwähnten Jahr, nachdem ein Zerstörungshäuptling namens MOULD-KEY die Frank- Aulianer erobert hatte, die im Volksmund als „Fringe" bekannt sind, wurde ein Two-Ton-Anführer namens BEES'MARK eingesetzt, weil er das Zeichen einer sehr geschäftigen Biene hinterlassen hatte Two-Tonia vereinte die Fürstentümer zu einem großen Two-Ton-Reich. Zwei Häuptlinge regierten für kurze Zeit über die neugeborene Nation und wurden dann von einem anderen Herrscher abgelöst, einem Mann von eifriger Aktivität, der den hochtönenden Namen WILMOSTASH trug. Dieser Mann scheint einen herausragenden Einfluss auf das Wachstum der Two- Tonianer gehabt zu haben ; und die Two-Tons sind davon überzeugt, dass ihre natürliche Entwicklung im Wesentlichen den unermüdlichen Bemühungen dieses Herrschers zu verdanken ist, dessen Gesichtsschmuck tatsächlich bis in den fernen Himmel reicht.

Die industriellen Vorbereitungen zwischen den Two-Ton-Fürstentümern vor ihrer Föderation wurden von den Two-Tons nun als nur noch von geringer Bedeutung angesehen. Vor allem die jüngeren Generationen sahen nichts anderes als das Wachstum der vereinten Nation seit dem Jahr 11 n. Chr. (1871 EN). Und als ihnen klar wurde, dass sie eine industrielle Stellung auf dem Planeten Mars innehatten, die mindestens so wichtig war wie die jeder anderen Nation, waren sie von der Vorstellung beeindruckt, dass sie in drei, vier Jahrzehnten das erreicht hatten, wofür andere Nationen drei, vier Jahrhunderte gebraucht hatten erreichen. Dieser Eindruck steigerte ihren Nationalstolz enorm, so dass der Nationalitätswahn, der unter den verblendeten Marsmenschen so verbreitet war, in Two-Tonia eine akute Phase erreichte und die ähnliche Geisteskrankheit, die bei anderen Nationen vorherrschte, in ihrer Tiefe und Schwere in den Schatten stellte.

Infolgedessen strebten sie, während sie nach und nach ihre wichtige industrielle Position erlangten, eine politische Position von ähnlicher Bedeutung an. Aber da sie aufgrund ihres Gehirngewichts weniger flink und unverblümt waren als viele andere Rassen, nahmen sie im Rat der Nationen häufig eine hochtrabende Haltung an, die von den anderen als arrogant angesehen wurde und zu der sie gezwungen wurden Sie versuchten häufig, die endgültigen Entscheidungen zu internationalen Problemen zu diktieren.

Wären die Nationen nicht durch ihren antagonistischen und immer misstrauischen Nationalitätenwahn getäuscht worden, hätten sie mit den Two-Tons argumentiert, sie hätten sich bemüht, ihre Ideale und ihre Motive besser zu verstehen, und sie hätten genauso viel von ihnen lernen können Die Two-Tons selbst hatten in früheren Jahren viel von den anderen gelernt.

Doch als Folge der beklagenswerten Mars-Täuschung hatte diese Haltung der Two-Tons zur Folge, dass sie die Bösartigkeit einer Nation gegenüber einer anderen nur noch mehr betonte, und führte sogar zu einer Kombination der Böswilligkeit verschiedener Nationen gegenseitig feindselige Nationen, insgesamt gegen die Zwei-Tonnen gerichtet. Als die benachbarten Nationen mit Besorgnis die reichliche Produktion des militaristischen Sprengstoffs im Two- Tonian -Reich beobachteten und die unmittelbare Gefahr einer Explosion witterten, begannen sie – durch Kombinationen und Allianzen – Maßnahmen zu ergreifen, um sich davor zu schützen Two- Tonian- Aggression, die ihrer Meinung nach früher oder später zwangsläufig von einer rein mentalen Einstellung in eine Reihe körperlicher Gewalttaten übergehen würde. Unter den so vereinten Nationen sollten besonders die FRANK-AULIANS oder FRINGE erwähnt werden, die nicht nur mit Argwohn die wachsende militaristische Aktivität ihres Nachbarn beobachteten, sondern darüber hinaus auch von dem Wunsch beseelt waren, Wiedergutmachung für den ihnen im Jahr 1871 zugefügten Schaden zu erhalten , als sie die Gebiete All-Sass und Low-Rain an die Two-Tons verloren. Obwohl dieser zunächst vehement verkündete Wunsch im Laufe der Zeit stark an Leidenschaft verloren hatte, war er dennoch eine der Unterströmungen, die bei der Beurteilung späterer Entwicklungen gewissenhaft berücksichtigt werden sollten. In den Anti-Two- Tonian- Schutzkombinationen spielte der Rand zweifellos eine herausragende Rolle.

Es ist charakteristisch für den primitiven Zustand der Marszivilisation, dass der politische Einfluss einer Nation nicht durch die Weisheit bestimmt wird, die sie in internationalen Beratungen an den Tag legt, sondern durch die Größe des Territoriums, das sie kontrolliert, und daher teilweise durch die Ausdehnung ihrer Kolonien. Nun hatten im Laufe von drei langen Jahrhunderten verschiedene Nationen die Ozeane erkundet und alle für die Kolonisierung geeigneten Gebiete erobert; und aufgrund des erfolgreichen Fischfangs der Briten waren viele dieser Kolonien schließlich in ihre Hände gefallen. Als nächstes kamen die Fringe-Staaten in den Kolonialbesitz, und eine andere Nation namens Whole-Landers kontrollierte ebenfalls beträchtliche abgelegene Gebiete. Aber da alle diese Nationen schon so lange an diesem Akkumulationsprozess beteiligt waren, fanden die Zwei-Tonnen, als sie begannen, nach ähnlichen weit entfernten Expansionsfeldern zu suchen, nur noch wenig übrig. Und da die Two-Tons, wie andere Nationen die ganze Zeit befürchtet hatten, nicht so perfekt in Dip-Low-Matic-Errungenschaften waren wie andere Nationen, kamen sie zu dem Schluss, dass der einzige Weg, auf dem sie die gleiche Art von politischem Einfluss erreichen könnten , erfolgte durch Waffengewalt, also durch einen freien und sehr rücksichtslosen Einsatz ihres nationalen Sprengstoffs auf dem Territorium anderer Nationen. Ich bin hier versucht, die Aufmerksamkeit auf den deutlichen Einfluss zu lenken, den die politischen Bedingungen auf die geistige Tätigkeit der philosophischen Autoren einer Nation ausüben.

Diese Versuchung ist so groß, dass ich meine Zurückhaltung überwinden und enthüllen werde, was unser Mars-Kommunikant Professor FANSEE in einer denkwürdigen Nacht heimlich anvertraute, als beide nach Entspannung von der Anstrengung ihrer langwierigen Arbeit suchten. Bei dieser in der Tat sehr seltenen Gelegenheit vertraute unser Marsphilosoph Professor FANSEE einige seiner persönlichen früheren Erfahrungen an. Daraus ging hervor, dass der Marsianer – ich stelle ihn mir in meiner Vorstellung als einen großen, schlanken Mann mit einem langen weißen Bart vor – ursprünglich ein glühender Anhänger des Glaubens von NAZARRO gewesen war und dass er später zum Darvinianismus konvertiert war . Und die Darviniano-Schlussfolgerungen hatten einen so starken Einfluss auf seine Mentalität gehabt, dass er sich schließlich weigerte, die Heebron- und Nazarrano - Manuskripte in irgendeiner Weise als maßgebend für die Frage anzusehen, was Moral ausmachte und was nicht. Mit meinem tieferen Verständnis der Natur, hatte er sich damals gesagt, lass mich zu ihr zurückkehren, und die Natur selbst wird mir die Gesetze des richtigen Verhaltens lehren. Doch als er begann, die Methoden der Natur zu diesem Zweck gewissenhaft zu beobachten, entdeckte er bald, dass sich das Verhalten der Natur als Ganzes stark von dem Verhalten unterscheidet, das die Marsmenschen für gerecht und angemessen hielten. Er fand heraus, dass die Natur jederzeit eine Umwälzung des Bodens hervorrufen kann, durch die Bibliotheken, Druckpressen, Kunstmuseen, Tempel, Kirchen, Fabriken, Industrie- und Bildungsinstitute in wenigen Stunden mutwillig und ohne das Geringste zerstört würden Unterscheidung zwischen dem Verbrecher und dem Tugendhaften, zwischen dem Bösen und dem, was für die Marsmenschen nützlich ist. In dieser Hinsicht, überlegte er, können wir der Natur nicht folgen.

Dann hatte er auf der Suche nach besserer Führung über das Gesetz des Überlebens des Stärkeren nachgedacht. Er überlegte, dass wir dieses Gesetz möglicherweise bewusst auf unser Verhalten anwenden können. Aber wie? Es ist offensichtlich, dass sich dieses Gesetz im Wesentlichen auf physische Behinderungen und Behinderungen bezieht, nur auf physische Bedingungen. Eine eisige Böe kann die Spitze eines hohen Hügels fegen und den dort lebenden Stamm auslöschen, und die Bewohner des Tals können überleben. Wären die Bewohner des Tals jedoch auf dem Gipfel gewesen, wären sie umgekommen, und wenn die Bewohner des Tals im Tal gelebt hätten, hätten sie ihrerseits überlebt. Und wenn man sich fragen würde, was passiert wäre, wenn die Explosion beide Stämme gleichzeitig getroffen hätte, antworten wir: Die körperlich Stärksten hätten überlebt, völlig unabhängig von ihren Tugenden oder Lastern oder dem Grad ihrer Intelligenz.

Hat die Intelligenz dann überhaupt keine Bedeutung für die Wirksamkeit dieses Gesetzes gehabt? Ist die Tatsache, dass eine intelligente Rasse körperlich weitaus wildere Tierrassen überlebt hat, nicht ein positiver Beweis für den Einfluss der Intelligenz auf die Wirkungsweise des großen Gesetzes? Nein, wenn der Marsianer zu dem Schluss gekommen wäre, würde er überhaupt keinen solchen Beweis liefern. Eine intelligente Rasse hat überlebt, nicht aufgrund des physikalischen Überlebensgesetzes, sondern im Gegensatz dazu. Es überlebte, weil es Schutzmaßnahmen ersann, um den wahllosen physischen Kräften entgegenzutreten, die bis dahin über das Überleben entschieden hatten. Und wenn man die einzelnen Mitglieder dieser intelligenten Rasse miteinander vergleicht, stellt man bald fest, dass diejenigen mit überlegener Intelligenz oft körperlich weitaus gebrechlicher sind als die stumpfsinnigen Exemplare und daher häufig weitaus weniger in der Lage sind, dem Ansturm antagonistischer Körper zu widerstehen Kräfte.

Versuchen wir, dieses viel zitierte Gesetz des Überlebens auf die Moral anzuwenden, stellen wir zu unserer Bestürzung fest, dass nicht selten der skrupellose Dieb und Betrüger und der stumpfe Tyrann wachsen und gedeihen, während der ehrliche und tugendhafte Denker, der weniger listig oder weniger selbstbewusst ist, ist der unglückliche und leidende Außenseiter. Wenn dieses Überlebensgesetz tatsächlich auf unsere internationalen Ansichten angewendet würde, könnten wir natürlich nur diejenigen loben und bewundern, die die Macht erlangt haben: Wir hätten sicherlich keinen guten Grund, sie zu hassen.

Wir werden bald entdecken, dass der Marsianer mit Professor FANSEE ausführlich über dieses Thema gesprochen hat, da es einen wichtigen Einfluss auf die weiteren politischen Ereignisse auf dem Mars hatte. Und deshalb ist es für mich vielleicht angebracht, auch zu zitieren, zu welcher Schlussfolgerung der Marsphilosoph am Ende seiner Offenbarungen kam.

Würde irgendjemand auf die Idee kommen, das Gesetz der Schwerkraft als Leitfaden für richtiges Verhalten zu vertreten, rief er aus? Niemand würde es tun, denn es wäre völlig absurd. Denn kein Marsianer kann durch bewusste Anstrengung ein Jota zu seiner Kraft hinzufügen oder ein Jota seiner ewigen Aktivität entziehen. Wir können ihm nicht mehr hinzufügen oder davon wegnehmen, als wir dem Material , aus dem unser Universum besteht, etwas hinzufügen oder davon wegnehmen könnten . Und so wenig Gutes oder Schlechtes unser bewusstes Planen dem Gesetz der Schwerkraft antun kann, so wenig kann es das Gesetz des Überlebens des Stärkeren unterstützen oder behindern, es sei denn, wir können uns davor schützen wahllose Rücksichtslosigkeit. Dieses Gesetz herrschte, lange bevor es überhaupt Selbstbewusstsein gab, lange bevor es Intelligenz in den Lebewesen gab, lange bevor eine Gruppe von Exemplaren einer getäuschten Spezies eine andere Gruppe um ihre industrielle oder politische Bedeutung beneidete.

Wenn dieses Gesetz das Leben bestimmen würde, wäre es absurd, Mittel gegen Epidemien zu entwickeln. In diesem Fall sollten wir zulassen, dass die Krankheit die Nation so stark verwüstet, wie sie will. Die Natur würde den Marsmenschen daher einen besonderen Gefallen tun, indem sie diejenigen vernichtet, die nicht in der Lage sind, diese besondere Krankheit zu überleben. Und nachdem Epidemie Nummer Eins vorüber war, könnten wir zulassen, dass eine neue Epidemie alle Überlebenden vernichtet, auch wenn es unter denen, die durch die erste Krankheit getötet wurden, möglicherweise viele gab, die Epidemie Nummer Zwei erfolgreich hätten überleben können, wenn sie nur noch am Leben gewesen wären Sieh's ein.

Die Absurdität des Vorschlags, sich von diesem automatischen Gesetz leiten zu lassen, war unserem Marsphilosophen daher deutlich klar geworden. Und dann, so erzählte er Professor FANSEE, begann er die Wahrheit dessen zu erkennen, was andere gesagt hatten, dass die in den Manuskripten von Heebron und Nazarrano enthaltenen moralischen Grundsätze aus den Urteilen der menschlichen Vernunft nach jahrhundertelanger Erfahrung hervorgegangen seien und Beachtung gesellschaftlicher Anforderungen; und dass sie für bestimmte Darvinianos unausstehlich geworden seien , nicht weil sie an sich falsch oder irreführend gewesen wären, sondern weil sie bisher immer vermittelt worden seien, als ob sie untrennbar auf einem hingebungsvollen Glauben an persönliche halbmenschliche Gottheiten beruhten. Trennt man sie von diesem alten Glauben, dann sind sie in sich selbst stark genug, um tief im Fels der menschlichen Erfahrung verankert zu bleiben und wirksame Wegweiser auf dem Weg zu sein, der durch das Labyrinth des Lebens führt. So wie die Erfahrung sie geschaffen hat, kann die Erfahrung sie später vielleicht noch weiter verbessern. Nicht Ihre Erfahrung allein oder meine Erfahrung allein, sondern die Erfahrung aller Marsmenschen zusammen, wissenschaftlich fundiert auf den Dekreten weiter fortgeschrittener Logik.

Nach dieser Entspannung durch ein herzliches Geständnis kehrte unser edler Marsianer zu seiner Erzählung der kämpfenden Nationen zurück und zeigte hier sofort, in welcher Weise sein Geständnis mit seinem interessanten kleinen Kapitel der politischen Geschichte verbunden war.

Die Two-Ton-Philosophen, sagte er, seien ebenso wie er selbst zutiefst vom Darviniano- Glauben beeindruckt gewesen und hätten begonnen, sich moralische Orientierung von den Naturgesetzen zu holen. Und nachdem sie begonnen hatten, in diese Richtung zu graben, hinderte sie der Schwung ihres Gehirngewichts daran, ihren Kurs zu ändern. So kam es, dass NEETCH-UR, ein bedeutender Philosoph in Two-Tonia, alle Gebote von Nazarrano völlig verwarf . Warum die Schwachen heilen, beschützen oder ihnen helfen? Lassen Sie die Starken überleben, so wie es die Natur natürlicherweise zulässt. Werden sie weniger intelligent sein? Schuld ist die Natur. Werden sie weniger Rücksicht auf das Wohlergehen ihrer Brüder nehmen? Es ist die Schuld der Natur, die es dann offenbar so gewollt hat. Was NEETCH-UR lehrte, war daher die moralische Exzellenz der körperlichen und geistigen Kraft, die rücksichtslos alle diejenigen außer Kraft setzte, deren Kräfte weniger mächtig sind, selbst wenn diese „moralische" Haltung die Marsmenschen in einen Zustand völliger Unmoral führen sollte.

NEETCH-UR war ein rednerischer Autor, der hochtrabende Maximen hervorbrachte, der nie versuchte, ihre Effizienz auf dem Weg der Logik zu testen. Obwohl seine Ideale offensichtlich in die falsche Richtung gingen, trug er dennoch einige Merkmale des Genies. Die Nationalität spielte für ihn eine untergeordnete Rolle. Er richtete sein Eintreten für die Herrschaft der Mächtigen an alle Bewohner des Mars, und wenn ein Brite oder ein Skandalnavying mächtiger als ein Two-Ton gewesen wäre, hätte er mit Genugtuung den Sturz des Two-Ton durch den Briten oder die Robusten miterlebt Skandalschifffahrt .

Für die Two-Tons, die vom marsianischen Nationalitätswahn beeinflusst waren, war diese Lebensauffassung etwas zu weit gefasst. Die Richtigkeit der Naturanschauung wurde nicht in Frage gestellt. Vor allem nicht, da einer ihrer renommiertesten empirischen Wissenschaftler, bekannt als Professor HECKLER, mutig von seinem empirischen Labor in das Gebiet der Philosophie vorgestoßen war und die Naturanschauung energisch betont hatte, wobei er die emotionale Seite des Charakters des Marsmenschen völlig außer Acht gelassen hatte. Aber obwohl man die Naturanschauung für vollkommen in Ordnung hielt, deckte sich NEETCH-URs internationale Breite nicht mit den nationalen Geistestendenzen der Two- Tonianer . Kein Wunder also, dass bald ein anderer Autor namens TRITE-SHKUR auftauchte, der NEETCH-URs Ansichten übernahm, sie jedoch ausschließlich auf den Ruhm der Two-Tons anwendete. Wenn eine Nation aufgrund ihrer Eroberungskraft überleben sollte, musste diese eine Nation die Nation der Two- Tonianer sein . Die Briten mit ihrem Hang zur territorialen Expansion hatten den nebligen Planeten lange genug beherrscht. Wir, die Two-Tons, haben eine größere Menge Sprengstoff als die Briten. Unser Kooltoor ist weitaus größer als ihre Kultur. Der Gott von NAZARRO wird sich freuen, wenn er uns siegen sieht, ganz gleich, welche Gebote NAZARRO selbst verkündet hat. Wir müssen auf die Briten losgehen, unsere Sprengstoffe wahllos einsetzen und so das gesamte Territorium erobern, das wir können, um das Gesetz des Überlebens zu zwingen, seine Entscheidung zu unseren Gunsten zu treffen.

Und als seinen Schriften ein weiteres Buch folgte, das von einem Sprengstoffhersteller mit dem treffenden Namen BURN-ARDOR zusammengestellt wurde und die Methode im Detail beschrieb, die bei dem geplanten Kampf anzuwenden war, waren sich die Two-Tons völlig einig, dass dies sinnlos war der Nazarrano- Güte und der Überlegenheit der Naturmoral. Tatsächlich, als der Kampf kam, sogar die Two-Ton-Abteilung der Social-Mist-Sekte, Befürworter internationaler Zusammenarbeit und Frieden, Vermittler eines Heilmittels gegen den schrecklichen Nationalitätenwahn, Propheten des guten Willens für alle Nationen, aber für wen auch immer dennoch setzte sich die Naturanschauung weitgehend durch, verlor plötzlich ihren idealistischen Enthusiasmus und schloss sich den Reihen der Nationalitätenwahnsinnigen an, um unter dem Kommando der Vernichtungschefs den Sprengstoff einzusetzen. Waren diese Social-Mists plötzlich verrückt geworden? Warum nein, nicht plötzlich. Sie spürten einfach ihre enge Beziehung zu einer der Mars-Nationen; und diese Nationen waren jahrhundertelang verrückt gewesen und noch nicht wieder zur Vernunft zurückgekehrt; das ist alles.

Zwar hatte die Darviniano- Philosophie in anderen Ländern zu Schlussfolgerungen anderer Art geführt. In Brittia hatte ein Zeitgenosse von DARVINO, der auf den Namen SPENSAIRO hörte, die Entwicklung der sozialen Bedingungen auf dem Mars von jeher bis heute ausführlich nachgezeichnet. Und er zeigte, dass mit zunehmender Zivilisation der Nationen ihre Bestrebungen und ihre Geisteshaltung immer friedvoller geworden waren. Er kam zu dem Schluss, dass der kriegerische Geist der Zerstörung ein Geist barbarischer Wildheit ist. Daher war die Zusammenarbeit zwischen den verschiedenen Nationen zum Wohle aller das Ideal, auf das seine Schlussfolgerungen hinwiesen. Es ist merkwürdig, dass dieser Verfechter des Friedens in einem Land auftrat, das eine Position von größter politischer Bedeutung erlangt hatte, so dass von dieser Nation kein Kampf um die Vorherrschaft mit anderen Nationen im Geringsten gewünscht wurde. Es ist ebenso merkwürdig, dass in Two-Tonia, das tatsächlich in einen mentalen Kampf um die Vorherrschaft verwickelt war, die aufstrebenden Philosophen Verfechter der Heiligkeit der Macht und des ursprünglichen Kampfes ums Überleben waren.

Tatsächlich wies der zuvor erwähnte militaristische BURN-ARDOR sarkastisch auf diesen Einfluss der politischen Bedingungen auf die philosophischen Ansichten einer Nation hin. Er vertrat die Meinung, dass diese Philosophen ihre Schlussfolgerungen absichtlich zum Wohle ihres eigenen Landes verkündeten. Unser Mars-Informant glaubte jedoch, dass es sich einfach um eines der unterbewussten Elemente handelte, die unabsichtlich die Gedanken einer Nation und ihrer Autoren beeinflussen. Da BURN-ARDOR in diesem völlig unvermeidlichen Ergebnis die Wirkung schändlicher tief-niedermatischer Selbstsucht sah , erklärte er sogar, dass zwischen Nation und Nation weder Tugend noch Ehre noch Gerechtigkeit jemals in Betracht gezogen wurden. Doch wenn es für die Mitglieder einer Familie schlecht ist, einander ohne faire Loyalität zu behandeln, wenn es für eine Familie moralisch verabscheuungswürdig ist, die benachbarten Familien unehrenhaft und mit Bosheit oder versteckten unfairen Absichten zu behandeln, dann ist es genauso verachtenswert Diese größere Ansammlung von Marsmenschen, die als Nation bezeichnet wird, soll jede andere Nation unfair oder skrupellos behandeln. Wahrscheinlich vermittelte BURN-ARDOR seinen Eindruck von den Dingen so, wie er sie sich vorstellte, und nicht so, wie sie seiner Meinung nach sein sollten.

Als der ZWEITONISCHE ÜBERLEGENHEITSKRIEG endlich zu einer schrecklichen physischen Tatsache geworden war, waren eine Reihe von Nationen in den gigantischen Kampf verwickelt. In Anbetracht der Eifersucht, mit der die Briten ihre Vorherrschaft lange gehütet hatten, und des Strebens der Two-Tons, sie zu verdrängen, hätte man erwarten können, dass die Two-Tons nach einer tiefgründigen Ausrede suchten, um die Briten in einen gigantischen Ringkampf zu verwickeln . Und wenn sie das getan hätten, hätte die Marswelt wahrscheinlich unparteiisch und zufrieden zugesehen, wie der beste Mann siegte. Aber der Kampf wurde auf ganz andere Weise geführt.

Straußaner oder AUSTRICH-ANS bezeichnet wird . Sie wurden so genannt, nicht weil der Strauß ihr Land zu seinem Lebensraum machte, denn dieser Vogel hatte nie eine solche Absicht; nicht, weil sie wie der Strauß gewohnt waren, ihre Köpfe in den Sand zu stecken, weil sie glaubten, so vor einem herannahenden Feind geschützt zu sein, denn wenn sie gezwungen sind, sich zu verstecken, sind sie klug genug, ihre Köpfe nicht allein zu verstecken und zu gehen Der Rest ihrer gebrechlichen Körper wurde freigelegt: Der Name Austrich-ans wurde ihnen gegeben, weil sie wie dieser berühmte Vogel für einen unersättlichen und sehr vielfältigen Appetit bekannt waren. Sie hatten die Angewohnheit, bei jeder Gelegenheit die benachbarten Gebiete, die sogenannten Bally-Khan-Staaten, zu erbeuten. Sie hatten einmal sogar ihre Stahlgabeln in den Teller der EAT-ALL-IANS getaucht, einer Nation, deren Territorium ebenfalls an ihres grenzt. Nein, sie waren so typisch für ihren ewigen Appetit, dass ein prominenter Teil ihres Landes tatsächlich den offiziellen Namen HUNGERISCH trägt! Da die Two-Tons den Ruf haben, fünf Mahlzeiten am Tag zu servieren, und da die Austrich-Ans darüber hinaus die gleiche Sprache wie die Two-Tons sprechen, war die Freundschaft zwischen diesen beiden Nationen ideal und ließ sie sogar von einer köstlichen Pfanne träumen -Zwei- Tonianismus .

Die nächsten Nachbarn dieser Austrich-ans waren ein viel kleinerer Stamm, der später als DIENER bezeichnet wurde, weil sie den Two-Tons offenbar als willkommenen Vorwand dienten, den Kampf zu beginnen. Die Österreicher hatten mit den Aufschlägern jede Menge Ärger. Der Nationalitätenwahn zwischen ihnen hatte sich tatsächlich zu einem Zustand höchst gefährlicher Schärfe entwickelt. Endlich wurde im Land der Diener ein Verbrechen begangen, dessen Opfer ein österreichischer Beamter war. Jetzt im Darvinisierten In den Nazarrano- Ländern wurden alle Verbrechen von zu diesem Zweck eingerichteten Gerichten verhandelt. Und wenn ein Ausländer das Opfer war, pflegten die Gerichte mit doppelter Kraft vorzugehen; und das Land, in dem die Tat begangen worden war, würde darüber hinaus Wiedergutmachungen an dem Land leisten, dessen Staatsbürger das Opfer gewesen war, und zwar in verschiedenen Formen. Tatsächlich sind Gerichtshöfe eines der ersten Zeichen der Zivilisation auf dem Mars. Aber die Ausstricher gaben sich nicht damit zufrieden, diesen speziellen Fall auf die übliche rechtliche Weise zu behandeln. Sie schickten den Servern eine Nachricht und forderten solche Wiedergutmachungen, wie sie noch nie eine Nation von einer anderen verlangt hatte. Ihre Botschaft der Empörung war in Formulierungen formuliert und enthielt Bestimmungen, denen sich keine Nation mit Selbstachtung, nicht einmal die kleinste, in den Augen des Rests der Marswelt ehrenhaft hätte unterwerfen können.

Nun gehörten die Server zu einer Gruppe kleiner Nationen, die bisher als Bally-Khan-Staaten bezeichnet wurden, und sie hatten einen mächtigen Freund und Beschützer in der politisch weitaus wichtigeren Nation der RUSH-NOTS. Die Rush-Nots wurden wegen der Langsamkeit ihres nationalen Fortschritts benannt. Viele Jahrhunderte lang gab es unter den Nazarrano- Nationen ausgeprägte Vorurteile gegenüber den Heebrons , ungeachtet der Tatsache, dass NAZARRO selbst ein Heebron gewesen war und dem Heebron -Glauben gefolgt war. Heebrons wurden skrupellos verfolgt, ausgeraubt, gefoltert, ermordet, ihr Besitz wurde häufig beschlagnahmt und sie durften nur in speziellen, für sie reservierten Räumen wohnen. In allen anderen Nazarrano- Ländern waren diese Strafverfahren längst abgeschafft , doch die Rush-Nots frönten weiterhin diesen schmutzigen Vergnügungen längst vergessener Vergangenheit. Darüber hinaus war in allen anderen Nazarrano- Ländern die Macht des Herrschers dadurch eingeschränkt worden, dass seine Untertanen an der Festlegung der für sie geltenden Gesetze beteiligt wurden. Unter den Rush-Nots hatte der Herrscher immer noch die absolute Macht über seine Untertanen, wie es die Herrscher in anderen Ländern in der längst vergessenen Vergangenheit getan hatten. Sie können also leicht verstehen, dass sie in Sachen Fortschritt und sozialer Verbesserung keine Eile hatten. Dennoch hatten die Rush-Nots durch Blutvergießen einen Großteil der Marskruste erworben. Also verhandelten die Rush-Nots, die Freunde der Bally-Khan-Nationen waren, zu deren Gruppe die Servers gehörten, mit den Austrich-ans und forderten sie auf, die Servers höflicher zu behandeln, und drohten, dass sie andernfalls gezwungen wären, ihre Maschinen auszuschalten Zerstörung sehr unhöflich gegen die Ausstricher .

Wir haben bereits zuvor festgestellt, dass Brittia sich dauerhaften Frieden wünschte. Das galt in der Tat auch für die Rush-Nots, denn auch sie hatten sich mehr als den ihnen zustehenden Anteil am Marsgebiet gesichert. Das galt auch für die zuvor erwähnten Frank- Aulians oder Fringe, die tatsächlich eine enge Freundschaft mit den Rush-Nots eingegangen waren. Die Briten taten daher allem Anschein nach ihr Bestes, um durch Dip-Low- Macy den drohenden Krieg zu vermeiden. Aber die Ausstricher begannen eilig, Kriegsvorbereitungen zu treffen; und als die Rush-Nots das sahen, folgten sie ihrem Beispiel.

Ob die Ausstricher die ganze Zeit über mit der geheimen Zustimmung des großen WILMOSTASH oder der Two-Ton-Sprengstoffhersteller gehandelt haben, bleibt möglicherweise für immer eine Frage, über die man sich streiten kann. Dennoch ist so viel sicher, dass WILMOSTASH in diesem bedeutsamen Stadium des internationalen Streits den Rush-Nots gebieterisch befahl, ihren zerstörerischen Apparat von den Grenzen Austrichs zurückzuziehen, damit Austricha mit den Servern alles tun konnte , was dem Austrichs diente -Zwei- Tonian interessiert sich am besten. Die Rush-Nots befahlen dem mächtigen WILMOSTASH, nach Halifax zu gehen, einer Art Treffpunkt, wo es immer heiß zum Ersticken ist.

Haben die Two-Tons daraufhin sofort die Rush-Nots angegriffen? Nein, das haben sie – nicht. Im Bewusstsein, dass die Fringe ein wichtiger Faktor in verschiedenen Anti-Two- Tonia- Schutzbündnissen waren, gingen sie davon aus, dass die Fringe sich zweifellos aktiv auf die Seite der Rush-Nots stellen würden. Infolgedessen hätte man vielleicht erwarten können, dass die Two-Tons einen energischen Feldzug gegen die Rush-Nots starten und gleichzeitig ihre Grenzen stark gegen die Invasion der Fringe bewachen würden. Und falls die Fringe später zu fröhlich geworden wären, hätten die Two-Tons sie dann vielleicht zu Recht nach den Regeln behandelt, die bei solchen internationalen Freizeitbeschäftigungen vorherrschen. Da es sich bei ihnen um einen Streit mit den Rush-Nots handelte, wäre dies natürlich allem Anschein nach der logische Plan gewesen. Doch selbst diesen klar umrissenen Kurs nahmen die Zwei-Tonnen nicht ein. Unter dem Eindruck, dass die Rush-Not-Armeen schwer und langsam sind und dass die Fringe leicht und blitzschnell sind; Darüber hinaus waren die Two-Tons davon überzeugt, dass ihre Chancen auf einen Sieg in offensiven Aktionen lagen und dass eine defensive Haltung ihre Sache gefährden könnte, und beschlossen, vor dem Angriff auf die Rush-Nots zunächst die Fringe anzugreifen.

Zur Erklärung des seltsam klingenden Namens der letztgenannten Nation möchte ich anmerken, dass die Frank- Aulier oder Fringe nach der Offenheit benannt sind, mit der sie ihre Laster und Tugenden eingestehen und zur Schau stellen. Aulians wird manchmal auch Owlians geschrieben und bezieht sich offensichtlich auf die Tatsache, dass viele ihrer großen Männer bekanntermaßen Nachteulen waren. Aufgrund ihrer künstlerischen Neigungen wird ihnen der kürzere Name Fringe gegeben. Obwohl sie einen beträchtlichen Beitrag zur Wissenschaft, Philosophie und Industrie des Mars geleistet haben, ist ihr hervorstechendstes Merkmal, dass sie eine große Vorliebe für üppige Dekoration haben. Sie schmücken ihre Häuser, ihre Theater, ihre Kirchen und ihre Gedanken. So haben sie die Nazarrano-Darviniano -Zivilisation mit einem harmonisch gefärbten Saum von Höflichkeit geschmückt , der ein wenig verschwommen ist, durchaus zu Dip-Low- Matic- Täuschung neigt, aber alles in allem eher künstlerisch ist.

Als die Two-Tons beschlossen hatten, das Fringe-Territorium anzugreifen, haben sie dann den Teil ihrer Grenze überquert, der direkt in das Fringe-Territorium führt? Nein, das haben sie – nicht. Bei George, dem König der Briten, ich bin im Folgenden fast geneigt, die Two-Tons die Did-Nots zu nennen! Stattdessen beschlossen sie, ihre zerstörerischen Motoren durch zwei kleine und vollkommen nootrilische Länder laufen zu lassen, von denen das eine als Luxusstadt bekannt ist und das andere von einer tapferen kleinen Nation bewohnt wird, deren Name als GLOCKENRIESEN schnell in die Geschichte des Mars eingeht. In ihrem Land gibt es jede Menge schöne alte Gebäude und Kirchen, die auf dem ganzen Mars für ihre wunderbaren Glocken und Glockenspiele bekannt sind. So klein ihre Zahl auch ist, sie werden dennoch die Riesen genannt, weil sie im Bedarfsfall bereit sind, gigantische Aufgaben zu übernehmen, vor denen viele andere kleine Nationen aus Angst zurückschrecken würden. Dementsprechend behinderten die Bell-Giants den Durchgang der Two-Tons und führten einen Kampf, in dem sie zwangsläufig besiegt wurden.

Und hier kommt ein typisches Beispiel für britischen Deep-Low- Macy . Da der wahnsinnige Neid einer Nation auf eine andere selbst für die irregeführten Marsianer unerträglich geworden war, hatten die Nationen bestimmte Abkommen zum Schutz der sogenannten Pufferländer unterzeichnet, Gebiete, deren Neutralität für den Fall, dass die größeren Nationen jemals abwandern würden, zu respektieren war zum Krieg. Die Two-Tons hatten diese Vereinbarung unterzeichnet, ebenso wie die Briten. Nachdem die Briten nun versucht hatten, den Krieg zu verhindern, veröffentlichten sie die Briefe und Telegramme, die sie zu diesem Zweck mit den verschiedenen ausländischen Dip-Low-Mats ausgetauscht hatten. Aus dieser Korrespondenz geht hervor, dass die Two-Tons eine Anfrage gestellt hatten, um herauszufinden, ob die Briten ungerührt zusehen würden oder ob sie sich an dem Aufstand beteiligen würden, falls die Two-Tons die internationale Katastrophe auslösen sollten . Als Antwort kontrollierten die Briten sorgfältig ihre Muskeln und sagten, sie seien sich überhaupt nicht sicher, was sie tun würden. Vielleicht waren sie zunächst tatsächlich unentschlossen. Doch dann fragte einer der britischen Dip-Low-Mats einen der medaillenträchtigen, vollbusigen Two-Tonia, ob Two-Tonia damit einverstanden wäre, keinen Teil des Randgebiets zu annektieren. Der Two-Ton antwortete, dass Two-Tonia jeden derart eklatanten Verstoß gegen die Nazarrano- Gebote unbedingt unterlassen würde . Daraufhin kehrte der Brite, der inzwischen an seine Regierung telegrafiert hatte, zum schweren Two-Ton zurück und fragte, ob sein Versprechen auch für die Randkolonien *gelte* . Der Two-Ton bemerkte lächelnd, dass selbst NAZARRO selbst nicht erwarten konnte, dass die Tugend der Two-Ton sie zu einer so absurden Selbstverleugnung treiben würde. Und da die Briten nicht daran interessiert waren, einen kolonialen Konkurrenten mit so tiefgreifenden Gewohnheiten wie die der Two-Tons zu haben, beschlossen die Briten zweifellos sofort, nicht ungerührt zuzusehen. Als die Two-Tons also begannen, das Territorium der Bell-Giants zu durchqueren und sie zu einer hoffnungslosen Selbstverteidigung zwangen, erhoben sich die Briten vor Zorn und machten ein lautstarkes Hallabalu über die Verletzung des Neutralitätsvertrags, was sie als Vorwand nutzten um sich den Gegnern der Two-Tons anzuschließen. So versteckten sie ihren Egoismus wieder einmal hinter einer ziemlich durchsichtigen Fassade aus edler Empörung und Idealen.

Und jetzt ist der Krieg im Gange, und in den Ländern, die wir einst als zivilisiert galten, herrscht ein gefühlloses Chaos. Es wird eine Menge Energie verschwendet, die bei richtiger Anwendung zur Verwirklichung vieler wunderbarer sozialer Ideale und vieler Hoffnungen hätte führen können, die die Menschheit lange vergeblich gehegt hat. Eine Menge Reichtum wird für Zerstörung verschwendet, die in Verbindung mit dieser enormen Energiemenge Bildungsschlösser jenseits unserer gegenwärtigen Träume hätte errichten können, Institutionen mit bewusstseinserweiterndem Einfluss auf die gesamte leidende Menschheit. Es wird eine Menge Blut und Leben geopfert, im Vergleich dazu verschwinden die Menschenopfer für die Götter von einst zur völligen Bedeutungslosigkeit. Und das alles für den eitlen Ruhm, den eine Nation ernten könnte, indem sie mutwillig den Lebensstolz, das Glück, die Stärke und das Lebenselixier einer anderen zerstört. Was das Ergebnis dieser blinden Torheit sein wird, kann leider noch niemand sagen.

Hier kam es erneut zu einer Schweigepause, und der Marsphilosoph vertraute daraufhin Professor FANSEE einige weitere persönliche Vertraulichkeiten an. Das Land, in dem ich lebe, sagte er, sei von einem unternehmungslustigen Reisenden entdeckt worden, für den viele Statuen errichtet wurden und der daher im Volksmund als SÄULENBÜSTE bezeichnet wird. Als er unser Land entdeckte , rief er „Eureka!" was in einer der toten Marssprachen bedeutet: Ich habe es gefunden. Aufgrund dieses Ausrufs wurde mein Land AM-EUREKA genannt. Ich kann mit Stolz und mit einer humanen

Vorurteilslosigkeit, die völlig unbeeinflusst vom üblichen Nationalitätenwahn ist, sagen, dass mein Land eines der wenigen auf dem Mars ist, in dem kleinliche Eifersucht und Bosheit gegenüber anderen Nationen völlig unbekannt sind. Obwohl der Nazarrano- und der Darviniano- Glaube bei uns wie bei anderen zivilisierten Nationen eine mechanische Mischung bilden, liegen uns die Heebron- und Nazarrano- Gebote über alles andere am Herzen; nicht so sehr wegen ihrer angeblich göttlichen Herkunft, sondern vielmehr wegen ihres humanen und wohltätigen Charakters. Wir sind weder national noch international doppelzüngig. Sowohl in der Geschäftsabwicklung als auch in unseren internationalen Beziehungen sind wir aufgeschlossen. Wenn wir sagen, dass wir für einen dauerhaften Frieden sind, meinen wir, was wir sagen, ohne irgendwelche egoistischen Motive zu verbergen. Wenn wir sagen, dass wir, wenn es sein muss, bereit sind, für eine edle Sache zu kämpfen, gibt es in unserem Kopf nichts anderes als diese edle Sache, und wir haben keine Nebengedanken, die wir verbergen könnten.

Nun wurde ich auf der Hemisphäre geboren, auf der jetzt der Kampf stattfindet und die wir in Am-Eureka aufgrund unserer streng neutralen Prinzipien heute als DEIN SEIL bezeichnen. Am-Eureka wurde durch Adoption mein Land; und in Your-Rope hatte ich häufig Künstlerkreise besucht, aus denen ich überaus hohe Ideale übernommen hatte, wie Kunst um der Kunst willen, Wissenschaft um der Wissenschaft willen, die Bevorzugung anderer Ziele gegenüber der Geldjagd und so weiter. Da ich in meinem Wahlland keine ähnlichen Ideale fand, hatte ich persönlich immer gedacht, dass die Bewohner von Your-Rope auf einer viel höheren Zivilisationsebene lebten als die, die in Am-Eureka erreicht wurde.

Das Drama, das sich derzeit in dieser Hemisphäre der sogenannten hohen Ideale abspielt, hat diesen Standpunkt völlig verändert. Die einfachen Grundsätze von NAZARRO und den früheren Heebron- Lehrern sind das Beste, was sich die Marsmenschen als Führung wünschen können. Die Brüderlichkeit der Nationen und die friedvolle Haltung des Menschen gegenüber dem Menschen, egal auf welchem Teil des Mars er geboren wurde, ist ein Ideal, das mindestens ebenso inspirierend ist wie die Kunst um der Kunst willen. Die hochfliegenden und laut verkündeten Ideale von Your-Rope sind nicht die Ideale der gesamten Menschheit. Sie eignen sich nur für eine kleine Klasse von Menschen, die durch diese Ideale dazu inspiriert werden, Dinge von wunderbarer Schönheit zu schaffen, die höchst idealistisch, aber für den menschlichen Komfort und das Wohlergehen völlig überflüssig sind. Das Friedensideal der Am- Eurekans , unaufdringlich, unbewusst aktiv in ihrem Herzen und in ihren alltäglichen Handlungen, ohne den Anspruch auf eine himmelhohe geistige Überlegenheit, ist nicht nur für alle Marsmenschen geeignet, ob jung oder alt, ob hoch oder niedrig, ob fähig oder fähig unfähig, also auch für diejenigen, die sich mit der Produktion nützlicher Dinge befassen, die im täglichen Leben benötigt werden, aber es ist darüber hinaus ein Ideal, das allen zivilisierten Ländern zugute kommen und die weitere Entwicklung von Wissenschaft, Industrie sowie der geistigen und physischen Zivilisation unterstützen würde.

Hier schien der Marsphilosoph unterbrochen worden zu sein. Es vergingen einige Minuten, bis die Zee-Strahlen ihre interessante Arbeit fortsetzten. Mein Assistent bemerkte später, dass Am-Eureka selbst möglicherweise erst kürzlich mit einem Nachbarland namens MAKE-SICK-O in den Krieg gezogen sei und dass die Am- Eurekans tatsächlich eine Flotte nach WE'RE-ON-A- geschickt hätten. KREUZFAHRT. Und tatsächlich können solche Dinge manchmal notwendig sein. Aber unser Verhalten in We're-on-a-Cruise ist typisch für den Unterschied zwischen Am- Eurekan- und Your- Ropean-Kriegsführung. Als wir Am- Eurekans „We're-on-a-Cruise" betraten, waren dort Scharfschützen, die aus Fenstern und Hausdächern auf uns schossen. Mit diesen Dingen muss man bei einem Invasionsfeldzug rechnen. Die Privatpersonen sind natürlich ebenso Ihre Feinde wie die uniformierten Soldaten. Was haben wir also gemacht? Wir schossen auf sie zurück, wann immer es unvermeidlich war. Wann immer es möglich war, haben wir sie verhaftet. Wir haben außerdem dafür gesorgt, dass alle Bürger alle in ihrem Besitz befindlichen Waffen abgeben. Nach Abschluss der Arbeiten begannen wir mit der Verbesserung der sanitären Bedingungen in der Stadt. Wir machten das Leben in der Stadt komfortabler als je zuvor unter Makesickan-Herrschaft . Andererseits wird von den Two-Tons gesagt, dass sie unter anderem eine Stadt namens Low-Vein eroberten, die im Gebiet der Bell-Giants liegt. Ganz natürlich fanden sie dort Scharfschützen. Sind sie der Situation genauso menschlich begegnet wie wir? Nein, das haben sie – nicht. Sie waren im Gegenteil so leidenschaftlich über diese unvermeidliche Entdeckung erzürnt, dass sie den größten Teil der Stadt und ihrer Bewohner niederbrannten, beschossen und zerstörten; und eine Stadt, deren Gebäude Schätze mittelalterlicher Kunst waren. Weitere sanitäre Verbesserungen waren danach nahezu überflüssig.

Nein, auch wenn die Umstände uns möglicherweise gezwungen haben, diese Flotte zu entsenden, auch wenn ähnliche Umstände uns erneut zu ähnlichen Taten zwingen könnten und auch wenn wir uns eines Tages möglicherweise in einem blutigen Krieg mit einer anderen Nation befinden, in unseren Gedanken und in unseren Gedanken Aus tiefstem Herzen hegen wir keine Bosheit gegenüber den Makesickanern oder einer anderen Nation auf unserem riesigen Planeten. Wir könnten kämpfen, aber nachdem der Kampf ausgefochten war, gaben wir uns gerne die Hand und bedauerten aufrichtig, dass wir in einen schlimmen Streit verwickelt waren. Und das ohne Dip-Low-

Macy , ohne Manipulation der Gesichtsmuskulatur, mit ganzem Herzen, wie es sich für einen guten Sport gehört.

Obwohl wir durch einen weiten Ozean vom Hauptsitz des Nationalitätenwahns getrennt sind, blicken wir unvoreingenommen zu, haben tiefes Mitleid mit den Marsmenschen, die unter den schrecklichen Folgen leiden müssen, und tun, was wir können, um den Hungersnot zumindest entgegenzuwirken könnte dem schrecklichen Sog des Kampfes folgen.

Wir ergreifen in dieser schrecklichen Katastrophe auch keine Partei. Warum einen Verrückten einen Narren nennen und den anderen Verrückten vergnügen, indem man ihm sagt, dass er Recht hat? Uns auf dieser Seite des schaukelnden Teichs ist es völlig egal, ob die Briten, die Two-Tons oder irgendeine andere Nation die Weltherrschaft erlangen, vorausgesetzt, dass sie, nachdem sie diese Herrschaft erlangt haben, keine überhebliche Haltung einnehmen oder diktieren für uns, wie wir unsere Geschäfte führen sollen. Wir Am- Eurekaner streben nicht nach Vorherrschaft. Unsere Institutionen basieren auf Gleichheit; und tatsächlich lassen sich Gleichheit und Vorherrschaft nicht leicht in Einklang bringen. Alles, was wir erreichen wollen, ist das, was uns eine gesunde und gesunde Entwicklung unserer Ressourcen und Intelligenz im natürlichen Lauf der Dinge bringen kann. Wir raten anderen Nationen lediglich, klug genug zu sein, sich nicht böswillig in diese Entwicklung einzumischen.

Glaubten die Two-Tons, dass die Briten ihr natürliches Wachstum böswillig beeinträchtigten? Dann hätten sie sich direkt auf die Briten stürzen sollen, ohne einen Feldzug gegen die Fringe oder die Rush-Nots zu starten und ohne eine zerstörerische Reise durch ein kleines Land, dem nie böswillige Einmischung vorgeworfen wurde. Hatten die Briten den Eindruck, dass ihre natürliche Entwicklung durch die Two-Tons böswillig gestört wurde? Dann hätten sie ihren Streit offen und direkt mit den Two-Tons beilegen sollen, ohne tiefgründig auf eine „edle" Ausrede zu warten, von der sie schon immer erwartet hatten, dass sie ihnen geliefert wird. Wir Am- Eurekans glauben an einen fairen Kampf, wenn ein Kampf nicht vermieden werden kann; bei Bedarf nackt und ohne Handschuhe; aber kein Schlagen unter die Gürtellinie.

Als der Krieg ausbrach, bemerkten wir in Am-Eureka, dass die eigentlichen Feindseligkeiten von den Two-Tons begonnen worden waren. Wir bemerkten, dass sie ihre Aktivitäten nicht auf den Angriff auf die Nation beschränkten, die sie angreifen wollten, sondern sich ihren Weg durch andere Länder bahnten, darunter das Land der Glockenriesen, entgegen dem klar zum Ausdruck gebrachten Wunsch der Glockenriesen Gegenteil. Die Glockenriesen verteidigten nichts anderes als ihr Recht, sich von dem wahnsinnigen Kampf fernzuhalten; und als sie aufgrund der engen Grenzen ihres Territoriums und ihrer Ressourcen besiegt, ihre Felder verwüstet und ihre Städte zerstört wurden, hatten wir natürlich Mitgefühl mit den Glockenriesen in ihrer bedauernswerten Notlage. Es gibt Two-Tons, die in mein Wahlland ausgewandert sind, aber immer noch starke Sympathien für den Two- Tonia -Nationalitätswahn hegen und in dieser Haltung unsererseits den Beweis für unsere Abneigung gegen Two-Tonia sehen. Doch vor diesen düsteren Ereignissen waren noch nie Anzeichen einer solchen Böswilligkeit oder eines solchen Hasses festgestellt worden. Auch nach dem Ende des Kampfes um die Vorherrschaft wird es nicht mehr möglich sein, welche zu entdecken. Wir in Am-Eureka lieben Gerechtigkeit, und Gerechtigkeit erfordert notwendigerweise eine tiefgreifende Rücksichtnahme auf die Rechte anderer und eine systematische Vermeidung jeglicher leidenschaftlicher Gewalt, insbesondere von Gewalt in die falsche Richtung. Aber die Two-Tons mögen sich wohlfühlen. Unsere Sympathie gilt nicht den rückständigen Rush-Nots oder den Deep-Low- Matic Auch Briten. Würden sie sich ungerechten Taten hingeben, würden wir diese Taten bei ihnen genauso verabscheuen wie bei jedem anderen Marsianer. Auch wenn wir einen Akt der Ungerechtigkeit in einer Nation missbilligen können, bedeutet das jedoch nicht, dass wir der Nation als solcher gegenüber böse sind oder dass wir die Tugend oder Weisheit dieser Nation nicht wertschätzen.

Nachdem er so die Haltung seines eigenen Landes beschrieben hatte, erklärte der Marsphilosoph, dass dies in Wirklichkeit nicht der Hauptzweck seiner Überlegungen sei. Was er betonen wollte, war, sagte er, dass der ganze beklagenswerte Konflikt hätte vermieden werden können, wenn die Marsvölker nur Maßnahmen ergriffen hätten, um den Nationalitätenwahn, der jederzeit blindlings ihre zerstörerischen Kräfte hervorrufen kann, zumindest teilweise zu heilen Leidenschaften. Für Sie, sagte er, aus der Entfernung, aus der Sie unseren Planeten sehen, müsse unser ganzer Erdball den Eindruck einer Irrenanstalt erwecken, in der Nationalitätswahn und verstaatlichter Größenwahn die beiden vorherrschenden geistigen Verirrungen seien. Aber in Wirklichkeit, versicherte er uns, seien diese Leute nicht verrückt. Sie sind einfach getäuscht und von einer falschen und äußerst schädlichen Vorstellung von Ehre und marsianischer Größe mitgerissen.

Meine größte Hoffnung sei, fuhr der Marsphilosoph fort, dass wir durch richtiges mentales Training in die Lage versetzt werden könnten, ihre quasi edlen Impulse in bessere und konstruktivere Kanäle umzuleiten. Wenn ich die kämpfenden Armeen betrachte, sehe ich, wie ihre Banner hoch über den anstürmenden Regimentern gehisst werden. Aber ich sehe die Nationalfarben getrübt durch Pulverrauch und den Staub der Schlacht, so dass die Banner jetzt für mich alle gleich aussehen; und über der schmutzigen Oberfläche jedes einzelnen von ihnen sehe ich das Wort FOLLY im leuchtenden Rot warmen jungen Blutes glänzen. Wie viel besser wird es sein, in naher Zukunft dieselben Banner zu sehen, die nationalen Auszeichnungszeichen, die vom Fabrikrauch und dem Staub der Steinbrüche getrübt sind, und auf allen in goldenen Buchstaben geschrieben zu sehen: FÜR DIE FÖDERATION UND GUT -SEIN DER MENSCHHEIT; FRIEDEN UND GUTER WILLE AN ALLE MÄNNER ALLER NATIONEN.

In diesem Moment fiel Professor FANSEE eine Frage ein, die er schon immer dem Marsphilosophen stellen wollte, die jedoch bisher durch die interessante Erzählung des Marsmenschen verdrängt worden war. „Zu welchem Zweck", fragte er schließlich, „habt ihr Marsianer diese geradlinigen Kanäle gebaut, die euren Planeten durchziehen?" Vom Mars kam die Gegenfrage: „Welche Kanäle?" „Nun", antwortete Professor FANSEE etwas verblüfft, „wir auf der Erde bemerken jedes Frühjahr gerade Linien über Ihren Globus und sind zu dem Schluss gekommen, dass es sich um Kanäle handelt, die dazu dienen, das Wasser zu leiten, wenn es von den tauenden Eisfeldern herabströmt." die Pole." „Ah", sagte der Marsianer, „das ist äußerst interessant. Gerade Linien, sagen Sie? Lassen Sie mich einen Moment nachdenken. Oh ja, das sind sie …"

Hier geschah etwas Seltsames. Wir hörten ein paar Klickgeräusche, die darauf hindeuteten, dass der Apparat plötzlich außer Betrieb war. Der Professor überprüfte einige Details der Maschinerie, konnte jedoch nichts Falsches feststellen. Dann wurde die Marskommunikation plötzlich wieder aufgenommen. Mit einer Geschwindigkeit, als ob sich unser entfernter Philosoph plötzlich in einen Wahnsinnigen verwandelt hätte, strömte seine Botschaft nun herein.

Eine der an dieser schrecklichen Katastrophe beteiligten Nationen , bekannt als Chopper-Knees, habe im letzten Moment einen Zerstörungsmotor erfunden, der alle anderen an Tödlichkeit übertrifft. Es besteht aus einer riesigen dünnen Metallkugel, an der ein Gerät befestigt ist, das es ermöglicht, in beträchtlicher Höhe in die Luft zu fliegen. Das Gerät ist zeitgesteuert; so dass es, wenn es eine bestimmte Höhe erreicht hat und in eine bestimmte Richtung driftet, plötzlich zum Stillstand kommt und durch sein eigenes Eigengewicht mit zunehmender Geschwindigkeit in Richtung Boden fällt. Das Schreckliche daran ist, dass es beim Erreichen der Oberfläche explodiert und eine dicke Rauchwolke verbreitet, die so beschaffen ist, dass sie durch starke elektrische Wirkung verschiedene Materialien aus der Atmosphäre und dem Boden ansammelt, mit dem Ergebnis, dass die Wolke entsteht Anstatt kleiner zu werden, wird es immer dicker und größer. Die Wolke tötet alles Leben, mit dem sie in Kontakt kommt, und es wird befürchtet, dass sie den gesamten Planeten umhüllen könnte. Es tötet garantiert jeden Wald und jedes Tier, das im Wald lebt, und tötet jedes Lebewesen im Wasser, dessen

Oberfläche es berührt. Es tötet garantiert jede Blume, jeden Grashalm , jede Distel; den Esel zu töten, der die Distel als begehrte Delikatesse frisst, sowie die Fliegen, die sein buschiges Fell belästigen; und als Nebeneffekt wird es auch die Anhänger von NAZARRO töten, der der Legende nach einst auf seinem geduldigen Rücken durch die Straßen von Jairoosolom ritt . Da ich meinen Apparat auf dem höchsten Vorgebirge des Planeten Mars errichtet habe, so wie Sie es wahrscheinlich getan haben, werde ich der Letzte sein, der von den tödlichen Dämpfen angegriffen wird. Ich sehe bereits, wie die Wolke das Tal unter mir füllt. Ich sehe es steigen, steigen!...

Und dann, als würde er sich in der Verzweiflung seiner Qual an eine bereits verwüstete Welt und eine bereits ausgelöschte Rasse wenden, erreichten uns ein paar weitere Sätze aus den Tiefen des Weltraums: „Gibt eure kleinlichen Eifersüchteleien, eure kniffligen internationalen Pläne und eure ..." auf Bosheit. Bilden Sie eine freundliche Föderation, von der jeder von Ihnen profitieren wird. Errichten Sie internationale Gerichts- und Ehrengerichte. Beseitigen Sie Ihre nationalen Armeen und Flotten und nutzen Sie deren Überreste als internationale Hüter des Friedens. Geben Sie Ihre vergeblichen Bemühungen auf, sich bei der Behandlung Ihrer Mitmenschen von der blinden Natur leiten zu lassen. Moral, ob aus internationaler oder nationaler Sicht betrachtet, ist eine Reihe von Regeln für ein gesundes Leben, die auf den Anforderungen einer sich immer weiter entwickelnden sozialen Organisation basieren. Es bezieht sich nicht nur auf eine respektable Einschränkung des Sexuallebens. Es umfasst guten Willen, Loyalität, Gerechtigkeit, Fairness, das Fehlen aller hinterhältigen Gedanken und Methoden und das völlige Fehlen böswilliger Absichten. Viele dieser Gesetze wurden in den Nazarrano- Manuskripten übersichtlich zusammengestellt. Setzt euch also noch einmal auf den Thron, wenn nicht NAZARROS Göttlichkeit, dann doch zumindest solche seiner Gebote, die für Menschen aller Glaubensrichtungen und für Menschen ohne Glauben, für die gesamte Menschheit, praktikabel und wohltuend sind! ... Nur so Ihr sollt ohne unnötige Unruhen, soziale Unruhen, industrielle Katastrophen, mutwilliges Gemetzel und ohne die verabscheuungswürdige Erregung wilder Leidenschaften gedeihen!

Die marsianische Ermahnung hörte auf. Und dann sah ich, wie Professor FANSEE tödlich blass wurde; und während er schwankte, als würde er ohnmächtig werden, flüsterte er: „Ich habe das Gefühl, als ob mein Geist nachgeben würde. Kam diese Stimme, diese feierliche Botschaft aus dem Weltraum oder kam sie zu mir aus den Haufen von Toten und Sterbenden, die ich auf den Schlachtfeldern Belgiens, Frankreichs und Polens verstreut zu sehen scheine? War das die Stimme scheidender Geister, die auf unserer schönen Erde selbst starben?" „Seit wir zu diesen riesigen Eisfeldern aufgebrochen sind", sagte er mit einem kränklichen Lächeln zu mir, „ist möglicherweise viel passiert!"

Und dann wurde er tatsächlich ohnmächtig und es dauerte ganze sechs Stunden, bis er wieder zu Bewusstsein kam. Von da an war klar, dass er an einer mysteriösen Krankheit litt, an der er zwei Wochen später starb. Hatte die elektrische Wolke, die den Mars umhüllte und in den Kommunikationsapparat eindrang, etwas mit dieser mysteriösen Funktionsstörung zu tun? Meine eigenen medizinischen Kenntnisse sind begrenzt und wir hatten keinen Arzt bei uns. Seine sterblichen Überreste wurden im Eis des Südpols begraben. Das Problem wird möglicherweise nie vollständig gelöst.

Und jetzt, während ich diese Erzählung für die Veröffentlichung vorbereite, bin ich noch weit von der Zivilisation entfernt und habe keine Ahnung von den jüngsten Ereignissen. Ich frage mich, ob sich der bösartige Nationalitätswahn, diese schreckliche geistige Verirrung, auf die sich der Marsphilosoph bezog, jemals zu der entwickelt haben könnte Gleiches gilt für die zivilisierte Menschheit auf Erden, die christliche Nation gegen christliche Nation aufstellt! Ich frage mich, ob diese Krankheit für den Fall, dass sie jemals akut zu werden drohte, nicht leicht durch eine weise und systematische Anwendung des gesunden Menschenverstandes geheilt werden könnte.

Mögen alle guten Männer zusammenstehen, um dieses Übel auszurotten!

FINIS